Deliciosas
Avena Smoothies

Recetas Fáciles y Nutritivas

EVA HARTLEY

Copyright © 2024 por **Eva Hartley**

Reservados todos los derechos. Queda prohibida la reproducción, distribución o transmisión total o parcial de esta publicación, en cualquier forma o por cualquier medio, incluidos el fotocopiado, la grabación u otros métodos electrónicos o mecánicos, sin la autorización previa por escrito del editor, salvo en el caso de citas breves incluidas en reseñas críticas y otros usos no comerciales permitidos por la legislación sobre derechos de autor.

Tabla de contenidos:

Bienvenido a Deliciosas Avena Smoothies 9
Beneficios de los batidos de avena 9
Cómo utilizar este libro 9
Capítulo 1: Conceptos básicos de los batidos de avena 10
    1. ¿Qué es un batido de avena? 10
    2. Beneficios para la salud 10
    3. Herramientas y equipos esenciales 11
Capítulo 2: Ingredientes y preparados 12
    1. Tipos de avena 12
    2. Frutas y verduras 12
    3. Líquidos y bases 12
    4. Edulcorantes y potenciadores del sabor 13
Capítulo 3: Recetas clásicas de batidos de avena 14
    1. Batido de plátano y avena 15
    2. Batido de avena con frutas del bosque 16
    3. Batido tropical de avena 17
Capítulo 4: Smoothies de avena sanos y verdes 18
    1. Batido verde desintoxicante de avena 19
    2. Smoothie de avena con espinacas y aguacate 20
    3. Batido de col rizada y manzana y avena 21
Capítulo 5: Batidos de avena ricos en proteínas 22
    1. Batido de mantequilla de cacahuete y avena 23
    2. Batido de avena con proteínas y chocolate 24
    3. Batido de avena con mantequilla de almendras 25
Capítulo 6: Smoothies de avena para niños 26
    1. Batido de fresa, plátano y avena 27
    2. Batido de avena y mango 28
    3. Batido de chocolate, plátano y avena 29
Capítulo 7: Smoothies de avena festivos y de temporada 30
    1. Batido de avena con especias y calabaza 31
    2. Batido de avena y arándanos festivos 32
    3. Batido veraniego de melocotón y avena 33
Capítulo 8: Trucos y consejos para un batido perfecto 34

    1. Consistencia y textura 35
    2. Almacenar y congelar batidos 35
Conclusión 37
    1. Envolver 37
Apéndices 38
    1. Conversiones de medidas 38
    2. Glosario de términos 38

Bienvenido a Deliciosas Avena Smoothies

Bienvenido a "Deliciosas Avena Smoothies: Recetas Fáciles y Nutritivas"! Este libro es tu puerta de entrada para explorar el delicioso y saludable mundo de los batidos de avena. Tanto si busca una opción rápida para el desayuno, un tentempié refrescante o un nutritivo sustituto de una comida, los batidos de avena son una opción versátil y satisfactoria.

Beneficios de los batidos de avena

Los batidos de avena son algo más que sabrosas bebidas: son potentes fuentes de nutrientes. Al mezclar avena con frutas, verduras y otros ingredientes saludables, puedes crear batidos ricos en fibra, vitaminas y minerales. Estos nutrientes favorecen la digestión, aumentan los niveles de energía y promueven el bienestar general.

Cómo utilizar este libro

Este libro está diseñado para ser tu guía completa para preparar batidos de avena en casa. A continuación te explicamos cómo sacarle el máximo partido:
- Descubra una gran variedad de recetas: Explora una amplia gama de recetas clasificadas por sabor y beneficios nutricionales.
- Aprende lo básico: Entender qué hace que los batidos de avena sean una opción saludable, las herramientas esenciales que necesitará y consejos para crear la mezcla perfecta.
- Personalice sus creaciones: Experimenta con diferentes ingredientes para adaptarlos a tus preferencias de sabor y necesidades dietéticas.
- Disfrute en cualquier momento: Tanto si eres un profesional ocupado, un entusiasta de la salud o un padre que busca opciones nutritivas para su familia, aquí hay algo para todos.

Capítulo 1: Conceptos básicos de los batidos de avena

1. ¿Qué es un batido de avena?

Un batido de avena es una bebida nutritiva que se prepara mezclando avena con diversos ingredientes, como frutas, verduras, líquidos y aromatizantes. Combina los beneficios saludables de la avena con la versatilidad de los batidos, ofreciendo una forma cómoda de consumir una comida o un tentempié equilibrados.

Ingredientes clave

Los ingredientes clave de un batido de avena suelen ser:
- Avena: Los copos de avena, la avena cortada o la avena instantánea aportan fibra y una textura sustanciosa.
- Frutas: Las frutas frescas o congeladas, como plátanos, bayas y mangos, añaden dulzor y vitaminas.
- Verduras: Los añadidos opcionales como las espinacas o la col rizada aumentan el contenido nutricional sin comprometer el sabor.
- Líquidos: Opciones como leche, yogur, leche de almendras o zumo de frutas ayudan a conseguir la consistencia deseada.
- Potenciadores del sabor: Los edulcorantes naturales como la miel o el jarabe de arce, junto con especias como la canela o el extracto de vainilla, realzan el sabor.

2. Beneficios para la salud

Los batidos de avena ofrecen varias ventajas nutricionales:
- Fibra: La avena es rica en fibra soluble, que facilita la digestión y ayuda a mantener la sensación de saciedad.
- Vitaminas y minerales: Aportan nutrientes esenciales como vitamina B, vitamina E, hierro y magnesio, favoreciendo la salud en general.

- Aumento de energía: La combinación de hidratos de carbono complejos y proteínas de la avena proporciona energía sostenida durante todo el día.
- Beneficios para distintos grupos de edad: Desde los niños que necesitan un tentempié rico en nutrientes hasta los adultos que buscan una opción de desayuno rápido o las personas mayores que desean mantener su salud, los batidos de avena pueden beneficiar a individuos de todas las edades.

3. Herramientas y equipos esenciales

Para preparar batidos de avena, necesitarás algunas herramientas y equipos esenciales:
- Licuadoras: Elige una licuadora capaz de licuar la avena y los ingredientes congelados sin problemas.
- Tazas y cucharas medidoras: Las medidas precisas garantizan el equilibrio adecuado de ingredientes para obtener consistencia y sabor.
- Opciones de almacenamiento: Recipientes para guardar los batidos sobrantes en la nevera o el congelador para disfrutarlos más tarde.

Capítulo 2: Ingredientes y preparados

1. Tipos de avena

La avena es un ingrediente versátil en los batidos de avena. He aquí los tipos más comunes:
- Copos de avena: Son copos de avena cocidos al vapor y aplastados. Se cuecen relativamente rápido y se mezclan bien en batidos.
- Avena cortada al acero: Estos copos de avena se cortan en trozos más pequeños, pero están menos procesados que los copos de avena. Aportan una textura masticable a los batidos.
- Avena instantánea: Estos copos de avena están precocidos y luego se secan, por lo que se preparan rápidamente y se mezclan sin problemas en batidos.

2. Frutas y verduras

Añadir frutas y verduras a los batidos de avena realza el sabor y la nutrición:
- Opciones populares: Plátanos, bayas (como fresas, arándanos y frambuesas), espinacas, col rizada, mangos y aguacates son opciones versátiles.
- Frutas y verduras de temporada: Dependiendo de la temporada, puedes incorporar a tus batidos productos frescos como melocotones, manzanas, peras o calabaza.

3. Líquidos y bases

El componente líquido de los batidos de avena ayuda a conseguir la consistencia deseada:

- Leche: La leche láctea o las alternativas no lácteas, como la leche de almendras, la leche de soja o la leche de avena, aportan cremosidad y nutrientes añadidos.
- Yogur: El yogur griego o el yogur normal añaden espesor y una textura cremosa a los batidos.
- Agua y zumos: El agua puede utilizarse para diluir el batido, mientras que los zumos como el de naranja o manzana pueden añadir dulzor y sabor.

4. Edulcorantes y potenciadores del sabor

Mejore el sabor de sus batidos de avena con estos complementos:
- Edulcorantes naturales: La miel, el sirope de arce o el sirope de ágave añaden dulzor sin azúcares refinados.
- Especias: La canela, la nuez moscada o el extracto de vainilla aportan calidez y profundidad de sabor.
- Mantequilla de frutos secos y semillas: La mantequilla de cacahuete, la mantequilla de almendras, las semillas de chía o las semillas de lino aportan proteínas adicionales, grasas saludables y textura a tus batidos.

Capítulo 3: Recetas clásicas de batidos de avena

1. Batido de plátano y avena

Ingredientes:
- 1 plátano maduro
- 1/2 taza de copos de avena
- 1/2 taza de leche (láctea o no láctea)
- 1/2 taza de yogur
- 1 cucharada de miel o sirope de arce (opcional)
- 1/2 cucharadita de extracto de vainilla
- Cubitos de hielo (opcional)

Instrucciones paso a paso:
1. Pelar el plátano y partirlo en trozos.
2. En una batidora, mezclar los trozos de plátano, los copos de avena, la leche, el yogur, la miel o el sirope de arce (si se utiliza) y el extracto de vainilla.
3. Mezclar hasta que quede suave y cremoso.
4. Si lo desea, añada cubitos de hielo y vuelva a batir hasta obtener una mezcla homogénea.
5. Verter en un vaso y servir inmediatamente.

2. Batido de avena con frutas del bosque

Ingredientes:
- 1/2 taza de bayas variadas (fresas, arándanos, frambuesas)
- 1/2 taza de copos de avena
- 1/2 taza de leche (láctea o no láctea)
- 1/2 taza de yogur
- 1 cucharada de miel o sirope de arce (opcional)
- Cubitos de hielo (opcional)

Instrucciones paso a paso:
1. Lavar las bayas y quitarles el rabito.
2. En una batidora, mezclar las bayas, los copos de avena, la leche, el yogur, la miel o el sirope de arce (si se utiliza).
3. Licuar hasta que quede suave y las bayas estén completamente incorporadas.
4. Añada cubitos de hielo si lo desea y vuelva a batir hasta obtener una mezcla homogénea.
5. Verter en un vaso y servir inmediatamente.

3. Batido tropical de avena

Ingredientes:
- 1/2 taza de piña en dados
- 1/2 taza de mango cortado en dados
- 1/2 taza de copos de avena
- 1/2 taza de leche de coco (o cualquier leche de su elección)
- 1/2 taza de yogur
- Cubitos de hielo (opcional)

Instrucciones paso a paso:
1. Pelar y cortar en dados la piña y el mango.
2. En una batidora, mezclar la piña en dados, el mango en dados, los copos de avena, la leche de coco (o la leche de su elección) y el yogur.
3. Mezclar hasta que quede suave y cremoso.
4. Añadir cubitos de hielo si se desea y batir de nuevo hasta que esté bien mezclado.
5. Verter en un vaso y servir inmediatamente.

Capítulo 4: Smoothies de avena sanos y verdes

1. Batido verde desintoxicante de avena

Ingredientes:
- 1 taza de hojas de espinaca
- 1/2 aguacate, pelado y sin hueso
- 1/2 taza de copos de avena
- 1/2 taza de agua de coco (o agua)
- 1 cucharada de zumo de limón
- 1 cucharada de miel o sirope de arce (opcional)
- Cubitos de hielo (opcional)

Instrucciones paso a paso:
1. Lavar bien las hojas de espinaca.
2. En una batidora, mezclar las hojas de espinacas, el aguacate, los copos de avena, el agua de coco (o agua), el zumo de limón y la miel o sirope de arce (si se utiliza).
3. Mezclar hasta que quede suave y cremoso.
4. Añadir cubitos de hielo si se desea y batir de nuevo hasta que esté bien mezclado.
5. Verter en un vaso y servir inmediatamente.

2. Smoothie de avena con espinacas y aguacate

Ingredientes:
- 1 taza de hojas de espinaca
- 1/2 aguacate, pelado y sin hueso
- 1/2 taza de copos de avena
- 1/2 taza de leche de almendras (o cualquier leche de su elección)
- 1 cucharada de miel o sirope de arce (opcional)
- Cubitos de hielo (opcional)

Instrucciones paso a paso:
1. Enjuague bien las hojas de espinaca.
2. En una batidora, mezcla las hojas de espinaca, el aguacate, los copos de avena, la leche de almendras (o la leche de tu elección) y la miel o el sirope de arce (si lo usas).
3. Mezclar hasta que quede suave y cremoso.
4. Añadir cubitos de hielo si se desea y batir de nuevo hasta que esté bien mezclado.
5. Verter en un vaso y servir inmediatamente.

3. Batido de col rizada y manzana y avena

Ingredientes:
- 1 taza de hojas de col rizada picadas (sin los tallos)
- 1 manzana mediana, sin corazón y picada
- 1/2 taza de copos de avena
- 1/2 taza de zumo de manzana
- 1/2 taza de yogur
- Cubitos de hielo (opcional)

Instrucciones paso a paso:
1. Lavar bien las hojas de col rizada y quitarles los tallos.
2. En una batidora, mezclar las hojas de col rizada picadas, la manzana troceada, los copos de avena, el zumo de manzana y el yogur.
3. Licuar hasta que quede suave y la col rizada esté completamente incorporada.
4. Añada cubitos de hielo si lo desea y vuelva a batir hasta obtener una mezcla homogénea.
5. Verter en un vaso y servir inmediatamente.

Capítulo 5: Batidos de avena ricos en proteínas

1. Batido de mantequilla de cacahuete y avena

Ingredientes:
- 1/4 taza de copos de avena
- 1 plátano, preferiblemente congelado
- 1 cucharada de mantequilla de cacahuete
- 1 taza de leche (láctea o no láctea)
- 1 cucharada de miel o sirope de arce (opcional)
- Cubitos de hielo (opcional)

Instrucciones paso a paso:
1. En una batidora, mezclar los copos de avena, el plátano congelado, la mantequilla de cacahuete, la leche y la miel o sirope de arce (si se utiliza).
2. Licuar hasta que quede suave y cremoso.
3. Si el batido está demasiado espeso, añada más leche hasta obtener la consistencia deseada.
4. Añadir cubitos de hielo si se desea y batir de nuevo hasta que esté bien mezclado.
5. Verter en un vaso y servir inmediatamente.

2. Batido de avena con proteínas y chocolate

Ingredientes:
- 1/4 taza de copos de avena
- 1 cucharada de cacao en polvo
- 1 plátano, preferiblemente congelado
- 1/2 taza de yogur griego
- 1 taza de leche (láctea o no láctea)
- 1 cucharada de miel o sirope de arce (opcional)
- Cubitos de hielo (opcional)

Instrucciones paso a paso:
1. En una batidora, mezclar los copos de avena, el cacao en polvo, el plátano congelado, el yogur griego, la leche y la miel o el sirope de arce (si se utiliza).
2. Licuar hasta que quede suave y cremoso.
3. Ajustar la consistencia añadiendo más leche si es necesario.
4. Añadir cubitos de hielo si se desea y batir de nuevo hasta que esté bien mezclado.
5. Verter en un vaso y servir inmediatamente.

3. Batido de avena con mantequilla de almendras

Ingredientes:
- 1/4 taza de copos de avena
- 1 cucharada de mantequilla de almendras
- 1 plátano, preferiblemente congelado
- 1 taza de leche de almendras (o cualquier leche de su elección)
- 1 cucharada de miel o sirope de arce (opcional)
- Cubitos de hielo (opcional)

Instrucciones paso a paso:
1. En una batidora, mezclar los copos de avena, la mantequilla de almendras, el plátano congelado, la leche de almendras y la miel o sirope de arce (si se utiliza).
2. Licuar hasta que quede suave y cremoso.
3. Ajustar el espesor añadiendo más leche de almendras si es necesario.
4. Añadir cubitos de hielo si se desea y batir de nuevo hasta que esté bien mezclado.
5. Verter en un vaso y servir inmediatamente.

Capítulo 6: Smoothies de avena para niños

1. Batido de fresa, plátano y avena

Ingredientes:
- 1/2 taza de copos de avena
- 1 taza de fresas, peladas y cortadas por la mitad
- 1 plátano, preferiblemente congelado
- 1 taza de leche (láctea o no láctea)
- 1 cucharada de miel o sirope de arce (opcional)
- Cubitos de hielo (opcional)

Instrucciones paso a paso:
1. En una batidora, mezclar los copos de avena, las fresas, el plátano congelado, la leche y la miel o el sirope de arce (si se utiliza).
2. Licuar hasta que quede suave y cremoso.
3. Ajustar el espesor añadiendo más leche si es necesario.
4. Añadir cubitos de hielo si se desea y batir de nuevo hasta que èsté bien mezclado.
5. Verter en un vaso y servir inmediatamente.

2. Batido de avena y mango

Ingredientes:
- 1/2 taza de copos de avena
- 1 taza de mango cortado en dados (fresco o congelado)
- 1/2 taza de yogur
- 1/2 taza de zumo de naranja
- 1 cucharada de miel o sirope de arce (opcional)
- Cubitos de hielo (opcional)

Instrucciones paso a paso:
1. En una batidora, mezclar los copos de avena, el mango cortado en dados, el yogur, el zumo de naranja y la miel o el sirope de arce (si se utiliza).
2. Licuar hasta que quede suave y cremoso.
3. Ajustar la consistencia añadiendo más zumo de naranja o yogur si es necesario.
4. Añadir cubitos de hielo si se desea y batir de nuevo hasta que esté bien mezclado.
5. Verter en un vaso y servir inmediatamente.

3. Batido de chocolate, plátano y avena

Ingredientes:
- 1/2 taza de copos de avena
- 1 plátano, preferiblemente congelado
- 1 cucharada de cacao en polvo
- 1 taza de leche (láctea o no láctea)
- 1 cucharada de miel o sirope de arce (opcional)
- Cubitos de hielo (opcional)

Instrucciones paso a paso:
1. En una batidora, mezclar los copos de avena, el plátano congelado, el cacao en polvo, la leche y la miel o el sirope de arce (si se utiliza).
2. Licuar hasta que quede suave y cremoso.
3. Ajustar la consistencia añadiendo más leche si es necesario.
4. Añadir cubitos de hielo si se desea y batir de nuevo hasta que esté bien mezclado.
5. Verter en un vaso y servir inmediatamente.

Capítulo 7: Smoothies de avena festivos y de temporada

1. Batido de avena con especias y calabaza

Ingredientes:
- 1/2 taza de copos de avena
- 1/2 taza de puré de calabaza
- 1 plátano, preferiblemente congelado
- 1/2 cucharadita de especias para pastel de calabaza (o una mezcla de canela, nuez moscada y clavo)
- 1 taza de leche (láctea o no láctea)
- 1 cucharada de miel o sirope de arce (opcional)
- Cubitos de hielo (opcional)

Instrucciones paso a paso:
1. En una batidora, mezclar los copos de avena, el puré de calabaza, el plátano congelado, la especia de pastel de calabaza, la leche y la miel o el sirope de arce (si se utiliza).
2. Licuar hasta que quede suave y cremoso.
3. Ajustar la consistencia añadiendo más leche si es necesario.
4. Añadir cubitos de hielo si se desea y batir de nuevo hasta que esté bien mezclado.
5. Verter en un vaso y servir inmediatamente.

2. Batido de avena y arándanos festivos

Ingredientes:
- 1/2 taza de copos de avena
- 1/2 taza de arándanos frescos o congelados
- 1/2 taza de yogur
- 1/2 taza de zumo de naranja
- 1 cucharada de miel o sirope de arce (opcional)
- Cubitos de hielo (opcional)

Instrucciones paso a paso:
1. En una batidora, mezclar los copos de avena, los arándanos, el yogur, el zumo de naranja y la miel o el sirope de arce (si se utiliza).
2. Licuar hasta que quede suave y los arándanos estén completamente incorporados.
3. Ajustar la consistencia añadiendo más zumo de naranja o yogur si es necesario.
4. Añadir cubitos de hielo si se desea y batir de nuevo hasta que esté bien mezclado.
5. Verter en un vaso y servir inmediatamente.

3. Batido veraniego de melocotón y avena

Ingredientes:
- 1/2 taza de copos de avena
- 1 taza de melocotones maduros cortados en dados (frescos o congelados)
- 1/2 taza de yogur
- 1/2 taza de agua de coco (o agua)
- 1 cucharada de miel o sirope de arce (opcional)
- Cubitos de hielo (opcional)

Instrucciones paso a paso:
1. En una batidora, mezclar los copos de avena, los melocotones troceados, el yogur, el agua de coco (o agua) y la miel o sirope de arce (si se utiliza).
2. Licuar hasta que quede suave y cremoso.
3. Ajustar el espesor añadiendo más agua de coco o yogur si es necesario.
4. Añadir cubitos de hielo si se desea y batir de nuevo hasta que esté bien mezclado.
5. Verter en un vaso y servir inmediatamente.

Capítulo 8: Trucos y consejos para un batido perfecto

1. Consistencia y textura

Ajuste del grosor:
Conseguir el espesor adecuado para su batido es clave:
- Añada más líquido (leche, agua, zumo) para diluir un batido espeso.
- Aumente la cantidad de yogur o frutas congeladas para espesar un batido poco espeso.
- Ajuste gradualmente los ingredientes hasta alcanzar la consistencia deseada.

Hacerlo cremoso:
Para aumentar la cremosidad del batido:
- Utiliza frutas congeladas, como plátanos o bayas, en lugar de frescas.
- Añada yogur, aguacate o mantequillas de frutos secos para obtener una textura cremosa.
- Bata a velocidad alta hasta que todos los ingredientes estén bien incorporados y suaves.

2. Almacenar y congelar batidos

Buenas prácticas:
- Guarde los batidos sobrantes en recipientes herméticos en el frigorífico.
- Consumir en 1-2 días para una frescura y sabor óptimos.
- Agitar o remover antes de servir, ya que los ingredientes pueden asentarse o separarse.

Opciones de preparación:
- Prepare los ingredientes del batido en porciones individuales y guárdelas en bolsas de congelación.
- Basta con mezclar con líquido cuando esté listo para disfrutar de un rápido desayuno o merienda.
- Los batidos pueden conservarse congelados hasta 1 mes para mayor comodidad.

3. Personalizar su batido

Añadir superalimentos:

Aumente el valor nutritivo de su batido:

- Incluye semillas de chía, lino o cáñamo para añadir ácidos grasos omega-3.
- Aumenta los antioxidantes con un puñado de espinacas, col rizada o bayas de acai.
- Incorpora superalimentos ricos en proteínas como yogur griego, proteína en polvo o espirulina.

Ingredientes sustitutivos:

Experimente sustituyendo ingredientes para adaptarlos a sus gustos o preferencias dietéticas:

- Sustituye la leche láctea por leche de almendras, leche de soja o leche de coco.
- Utilice jarabe de arce, néctar de agave o stevia en lugar de miel como edulcorantes.
- Cambia la avena por copos de quinoa o proteína en polvo para añadir nutrientes.

Conclusión

1. Envolver

Resumen de los puntos clave:
En "Deliciosas Avena Smoothies: Recetas Fáciles y Nutritivas" hemos explorado una variedad de deliciosas y saludables recetas de batidos de avena. Desde los clásicos favoritos hasta las delicias de temporada, cada receta está diseñada para ser sencilla, nutritiva y llena de sabor. También hemos tratado consejos esenciales para conseguir la consistencia perfecta de los batidos, opciones de almacenamiento y congelación, y formas de personalizar tus batidos para adaptarlos a tus gustos y preferencias dietéticas.

Ánimo para experimentar:
No dudes en experimentar con diferentes combinaciones de frutas, verduras, líquidos y superalimentos para crear tus propios batidos de avena. Tanto si buscas una opción rápida para desayunar, como si quieres reponer fuerzas después de entrenar o tomar un tentempié saludable, los batidos de avena ofrecen infinitas posibilidades para potenciar tu salud y tus niveles de energía.

Apéndices

1. Conversiones de medidas

Conversiones comunes de ingredientes:
- 1 taza = 240 ml
- 1 cucharada sopera = 15 ml
- 1 cucharadita = 5 ml
- 1 onza = 28 gramos

2. Glosario de términos

Definiciones de términos clave utilizados en el libro:
- Avena arrollada: Avena cocida al vapor y aplastada.
- Avena cortada al acero: Avena cortada en dos o tres trozos con cuchillas de acero.
- Avena instantánea: Avena precocida y deshidratada que requiere menos tiempo de cocción.
- Superalimentos: Alimentos ricos en nutrientes considerados beneficiosos para la salud y el bienestar.
- Antioxidantes: Compuestos que ayudan a neutralizar los radicales libres dañinos del organismo.
- Probióticos: Bacterias y levaduras vivas que son buenas para la salud digestiva.
- Ácidos grasos omega-3: Grasas esenciales beneficiosas para la salud del corazón y la función cerebral.

Made in the USA
Columbia, SC
26 November 2024